¡ABRE LOS OJOS Y APRENDE!

La Ropa

BLACKBIRCH®
PRESS

THOMSON
★
GALE

San Diego • Detroit • New York • San Francisco • Cleveland
New Haven, Conn. • Waterville, Maine • London • Munich

For more information, contact
The Gale Group, Inc.
27500 Drake Rd.
Farmington Hills, MI 48331-3535
Or you can visit our Internet site at http://www.gale.com

Photo credits: pages 4, 6, 10, 22 © CORBIS; pages 8, 12, 14, 18, 20 © Corel Corporation; page
16 © Digital Stock

LIBRARY OF CONGRESS CATALOGING-IN-PUBLICATION DATA

Nathan, Emma.
 [Clothing. Spanish]
 La ropa / by Emma Nathan.
  p. cm. — (Eyeopeners series)
 Includes index.
 Summary: Introduces clothing worn in different parts of the world, including simple
 robes worn by Tibetan monks and colorful kente cloth worn by men and women in
 Ghana.
  ISBN 1-41030-016-1 (alk. paper)
  1. Costume—Juvenile literature. 2. Clothing and dress—Juvenile literature. [1. Clothing
 and dress. 2. Spanish language materials.] I. Title. II. Series: Nathan, Emma. Eyeopeners
 series. Spanish.

GT518 .N3818 2003b
391—dc21   2002152582

Printed in United States
10 9 8 7 6 5 4 3 2 1

CONTENIDO

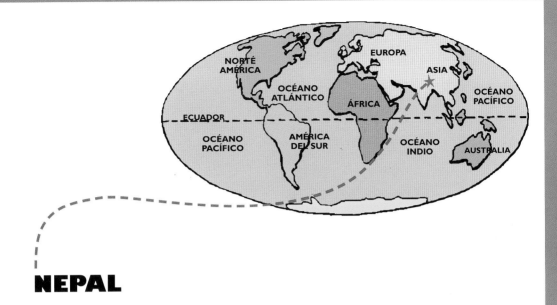

NEPAL

Nepal está en el continente asiático.

Es un pequeño país entre India y China.

Hay muchas montañas muy altas en Nepal. El aire es frío en lo alto de las montañas.

La gente de las montañas usa ropa de lana para conservar el calor del cuerpo.

◀ **Niña de Nepal**

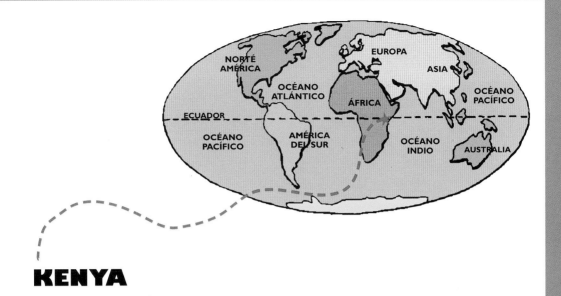

KENYA

Kenya está en el continente africano.

El país está cerca del centro de África.

Kenya queda sobre el ecuador. Los sitios más calientes del mundo están sobre el ecuador.

Los Masai son pueblos nativos de Kenya.

Usan ropa suelta para mantenerse frescos.

◀ **Dos hombres masai de Kenya**

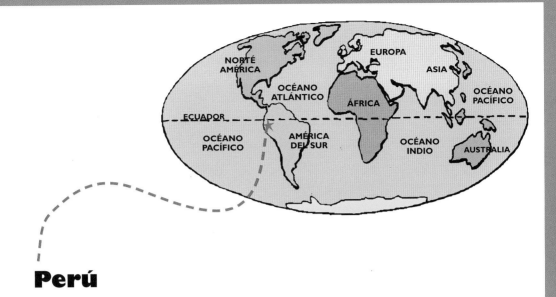

Perú

Perú está en el continente sudamericano.

Las altas montañas de los Andes se extienden desde el norte hasta el extremo sur de Perú.

Muchas personas de la montaña en Perú son pastores de llamas.

Usan lana de las llamas para fabricar su ropa.

Muchas mujeres usan sombreros. Según el estilo de su sombrero, los demás saben de dónde es una señora.

◀ **Mujer y niña en Perú, con una llama**

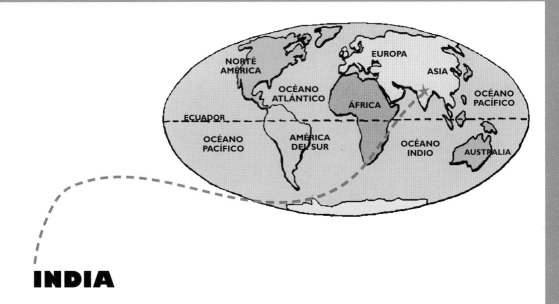

INDIA

India está en el continente asiático.

Gran parte de la India es muy caliente.

Muchas mujeres indias usan un vestido suelto de colores, llamado sari.

Muchos hombres se cubren la cabeza con una tela llamada turbante.

◀ **Hombre indio con turbante amarillo**

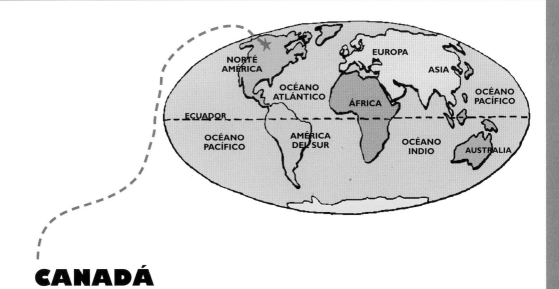

CANADÁ

Canadá está en el continente norteamericano.

Gran parte del país son tierras vírgenes. Muchas plantas y animales viven en las tierras vírgenes de Canadá.

Canadá ha sido el hogar de nativos norteamericanos durante miles de años.

Los norteamericanos nativos tradicionales usaban plumas y pieles de los numerosos animales de Canadá, para fabricar ropa.

◀ **Nativo norteamericano en Canadá**

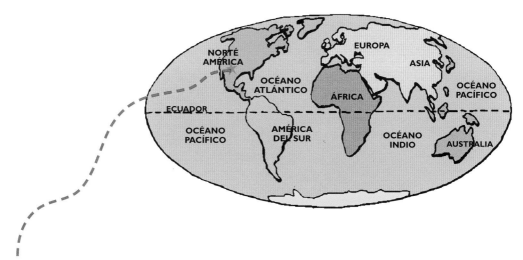

ESTADOS UNIDOS

Estados Unidos está en el continente norteamericano.

Gran parte de Estados Unidos son terrenos planos, llamados llanuras.

Los vaqueros (Cowboys) han arriado tradicionalmente ganado a través de las llanuras.

Los vaqueros van a caballo cuando están arriando el ganado.

Los vaqueros usan faldones llamados zahones sobre el pantalón. Los zahones les protegen el pantalón mientras van a caballo.

◀ Vaquero

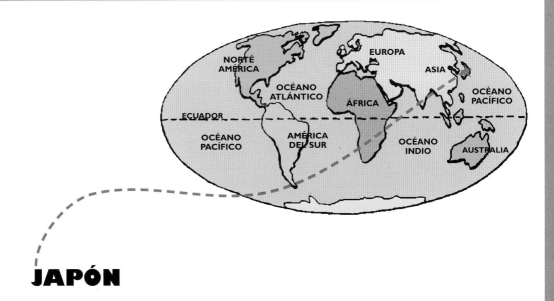

JAPÓN

Japón es una isla que es parte de Asia.

Muchos habitantes de Japón siguen todavía costumbres que han durado miles de años.

En Japón, una sirvienta tradicional se llama *geisha*.

Las geishas usan batas de seda llamadas *kimonos*.

Las geishas también se pintan la cara de blanco y los labios de rojo.

◀ **Geisha**

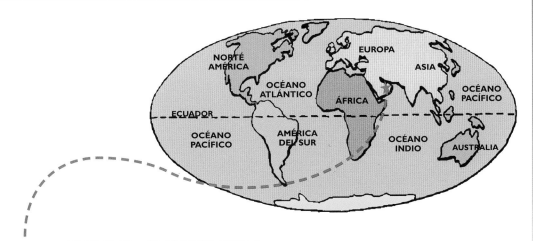

ARABIA SAUDITA

Arabia Saudita está en el continente asiático. Está en una zona llamada el Medio Oriente.

Gran parte de Arabia Saudita es desierto.

La ropa tradicional en Arabia Saudita se usa suelta, para que la gente se mantenga fresca.

Muchos hombres sauditas se cubren la cabeza con una tela que se llama *kaffiyeh* o *cufia*.

Las cufias les ayudan a protegerse del sol y del viento.

◀ **Hombre saudita con cufia**

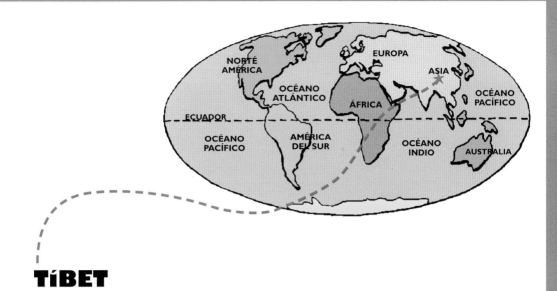

TÍBET

El Tíbet está en el continente asiático.

Es un pequeño país que durante mucho tiempo ha sido parte de China.

La mayoría de los habitantes del Tíbet practican una religión llamada Budismo.

Los budistas creen que la ropa debe ser muy sencilla.

Monjes y monjas budistas del Tíbet usan túnicas muy simples rojas o amarillas.

◀ **Monjes en el Tíbet**

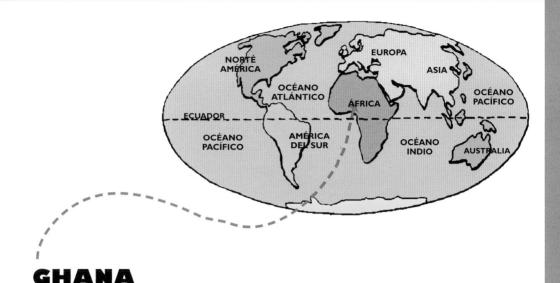

GHANA

Ghana está en el continente africano.

Ghana está cerca del ecuador. El clima de Ghana es muy caliente.

La ropa tradicional de Ghana es suelta, para ayudar a la gente a conservarse fresca.

Las mujeres se envuelven el cuerpo con faldas y la cabeza con bufandas.

Muchos hombres se ponen túnicas de tela llamadas *kente*.

◀ **Mujer con bufanda tradicional**

ÍNDICE

PARA MÁS INFORMACIÓN

Direcciones de Internet

Vestidos étnicos
http://www.costumes.org/pages/ethnolnk.htm

Ropa tradicional de todo el mundo
http://www.rice.edu/projects/topics/internatl/traditional-clothing.htm

Libros
Hall, Margaret C. *Clothing Around the World.* Chicago: Heinemann, 2001.

MacDonald, Fiona. *Clothing and Jewelry: Discovering World Cultures.* New York: Crabtree Publishing, 2001.